REPONSE

DE

M. RAMEAU.

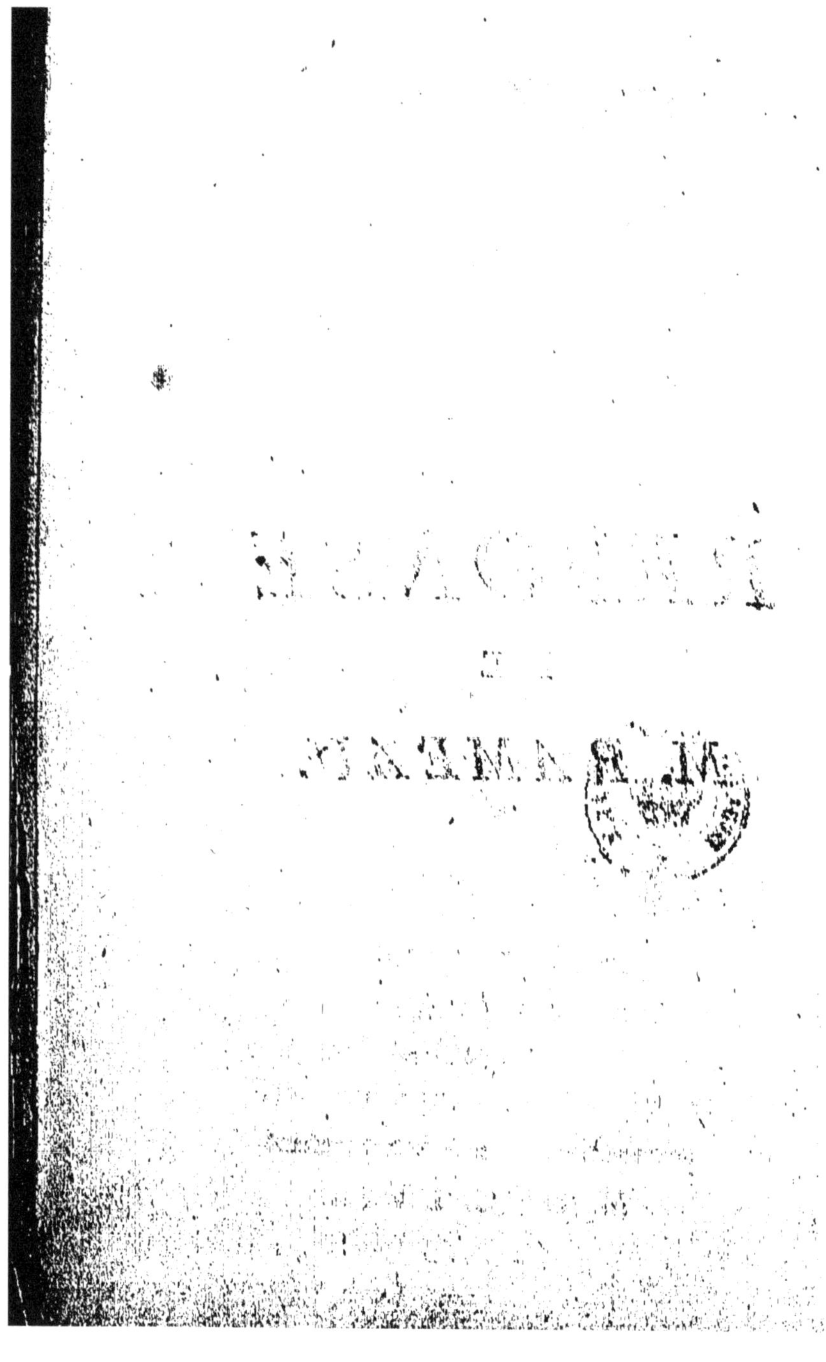

REPONSE

DE

M. RAMEAU

A MM. LES EDITEURS

de l'Encyclopédie.

SUR

Leur dernier Avertissement.

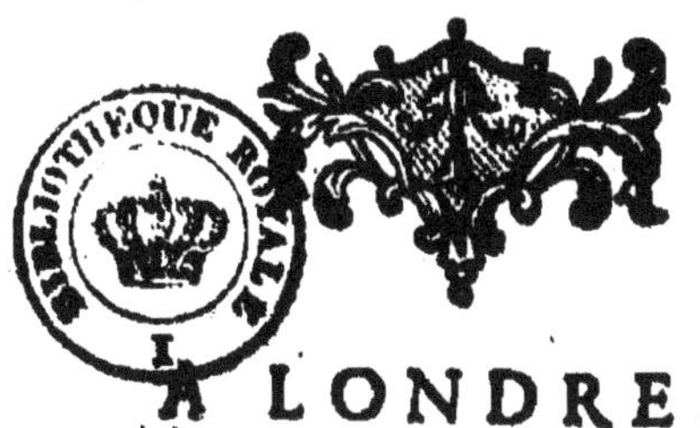

A LONDRES,

Et se trouve à Paris,

Chez SEBASTIEN JORRY, Imprimeur
Libraire, Quai des Augustins, près
le Pont S. Michel, aux Cigognes.

M. DCC. LVII.

REPONSE

DE M. RAMEAU

A MM. les Editeurs de l'Encyclopédie sur leur dernier Avertissement.

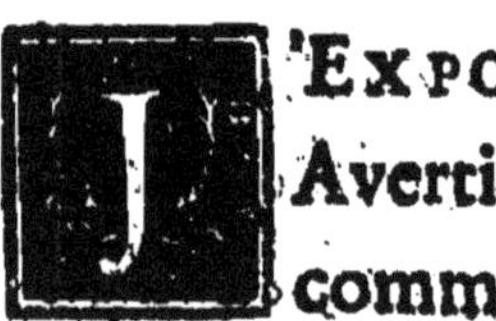'EXPOSE d'abord cet Avertissement pour la commodité du Lecteur. Tout ce qui s'y trouve en italique se trouve de même dans la Réponse, pour que les citations se présentent plus promptement à l'œil.

A iij

c

AVERTISSEMENT

Du 6e Tome de l'Encyclopédie.

3e. Alinéa. Cet Avis, quoique
déja donné tant de fois , paroît
avoir obtenu peu d'attention de
la part d'un Anonyme qui vient
d'attaquer quelques Articles de
Musique de M. Rousseau. (*a*)
» *Je crois*, dit-il, *devoir mettre*
» *les Éditeurs de l'Encyclopédie*
» *sur la voye des vérités qu'ils*
» *ignorent, négligent, ou diffi-*
» *mulent, pour y substituer des*
» *erreurs, & même des opi-*
» *nions.* » La déclaration que
nous venons de faire doit nous

mettre à l'abri d'une accusation
si hazardée. Du reste l'Auteur
ne doit point regarder cette déclaration comme un aveu tacite
ou indirect de la justesse de ses
remarques. M. Rousseau , qui
joint à beaucoup de connoissan-
ce & de goût en Musique le ta-
lent de penser & de s'exprimer
avec netteté, que les Musiciens
n'ont pas toujours, est trop en
état de se défendre par lui-même , pour que nous entrepre-
nions ici de soutenir sa cause.
Il pourra, dans le *Dictionnaire
de Musique* qu'il prépare , re-
pousser *les traits qu'on lui a
lancés*, s'il juge , ce que nous
n'osons assurer , que la brochure.

de l'Anonyme le mérite. Pour nous, sans prendre d'ailleurs aucune part à une dispute qui nous détourneroit de notre objet, *nous ne pouvons nous persuader que l'Artiste célébre à qui on attribue cette production en soit réellement l'Auteur.* Tout nous empêche de le croire : *le peu de sensation que la critique nous paroît avoir fait dans le Public.* Des imputations aussi déplacées que déraisonnables dont cet Artiste est incapable de charger deux hommes de Lettres *qui lui ont rendu en toute occasion une justice distinguée, & qu'il n'a pas dédaigné de consulter quelquefois sur ses propres Ouvrages : la maniere peu mesurée dont on traite dans cette brochure M. Rousseau, qui a souvent nommé avec *éloges le Musicien* dont nous parlons (*a*), & qui ne lui a jamais manqué *d'égards*, même dans le petit nombre d'endroits où il a cru pouvoir le combattre : enfin *les opinions plus que singulieres qu'on soutient dans cet écrit, & qui ne préviennent pas en sa faveur*, entr'autres, *que la Géométrie est fondée sur la Musique ; qu'on doit comparer à la Musique quelque Science que ce soit ; qu'un*

(*a*) *Voyez les notes* Accompagnement, p. 75. col. 2. *vers la fin;* Basse *, p. 119. col. 2. & surtout à la fin du mot* chiffrer.

clavecin oculaire dans lequel on
se borneroit à repréfenter l'analogie de l'Harmonie avec les couleurs, mériteroit l'approbation
générale, & ainfi du refte. (a)
Si ce font là les vérités qu'on
nous accufe d'ignorer, de négliger, ou de diffimuler, c'eft un
reproche que nous aurons le
malheur de mériter longtems.

On lit encore dans le 3e. Ali-
nea ligne 9 : ce feroit nous rendre les tyrans de nos Collégues,
& nous expofer à en être aban-
donnés avec raifon, que de vou-
loir les plier malgré eux à notre

(a) Voyez la brochure citée, p. 46. 64.
& furtout depuis la page 110. jufqu'à la
fin.

façon de penſer, ou à celle des autres.

REPONSE. (a)

Je me vois à regret forcé, Meſſieurs, de quitter un Code de Muſique pratique déja fort avancé ; mais je ne puis me diſpenſer de me juſtifier auprès du Public.

Vous m'accuſez, vous m'attaquez, Meſſieurs, encore ſi vos citations étoient fidelles ; mais vous les altérez, ſoit en les détachant de ce qui précéde & de ce qui ſuit, ſoit en étendant les

(a) Les chiffres dans le diſcours indiquent les pages des Erreurs ſur la Muſique où je renvoye pour lors.

conséquences de ce que je dis ;
soit en donnant à mes propositions un sens qu'elles n'ont
point.

J'avois dans ma brochure re-
levé quelques erreurs sur la Musique dans lesquelles M. Rouf-
seau étoit tombé. Il me semble
qu'au lieu d'écrire contre moi,
vous auriez dû écrire pour lui.
Vous me renvoyez à un Dictionnaire qu'il compose, mais quand
viendra-t-il ? En vérité, Messieurs, il auroit mieux valu répondre à la difficulté qu'à la personne.

Je ne reconnois point dans
votre Avertissement, du moins
pour ce qui me regarde, ces

deux hommes supérieurs encore aux éloges qu'ils se donnent mutuellement. Je n'y vois point cet amour de la vérité qui pourtant, dans un Ouvrage comme celui que vous avez entrepris, devroit marcher le premier. Il me semble y reconnoître plutôt un Ecrivain enyvré de ses idées, qui oublie ce qu'il a entendu, ce qu'il a vû, ce qu'il a lû, ce qu'il a écrit lui-même, & qui s'imagine qu'on le croira sur sa parole ; qu'on ne confrontera rien, & que tout ce qu'on y pourra répondre, ne fera pas la moindre *sensation dans le Public.* (a)

____

(a) On dit dans l'Avertissement, *le peu de sensation que la critique nous paroît avoir*

Vous débutez par la fin de la brochure, dont vous retranchez la premiere phrafe, & vous m'y faites prononcer en Maître : *Je crois devoir mettre les Editeurs de l'Encyclopédie fur la voye des vérités &c.* lorfqu'on y lit, 124. *Je ne me fuis étendu dans des digreffions fur un Art dont on peut encore tirer quelques lumieres que pour mettre les Editeurs du Dictionnaire Encyclo-*

fait dans le Public. Le dégoût caufé par l'extrême amplification de chofes inutiles, dans des Articles où l'on ne cherche qu'à s'inftruire, aura bien pû rejaillir fur une critique déja faite. Il n'y a, d'ailleurs, de vrais Curieux dans les Arts que les Artiftes & les Amateurs. Je demande fi les Articles de Géométrie ont dû faire une grande fenfation dans le Public ?

pédique fur la voye des vérités qu'ils ignorent , négligent , ou diffimulent &c.

Ces digreffions ne font qu'acceffoires ; mais en les changeant d'ordre , en les ifolant , tronquant , ou amplifiant , vous leur donnez une tournure qui , de fimples propofitions , en fait des Loix. Elles n'ont même aucun rapport direct avec les erreurs que je condamne. Ce ne font que comme autant de véhicules pour expofer les principes fur lefquels porte la condamnation. J'y propofe en même tems certaines conjectures, dont on pourroit tirer, ce me femble , des conféquences favorables à d'autres Arts, à d'autres Sciences.

Les vérités que je vous accufe d'ignorer, de négliger, ou
de diffimuler, font des vérités
par lefquelles je reléve les erreurs, & c'eft à l'Auteur de ces
erreurs que je m'adreffe, non à
vous, Meffieurs, que j'ai tout
lieu de confidérer. (a) Quant aux
digreffions dont je me fers, pour

(a) Ces Meffieurs affectent d'ignorer la
fuite des erreurs &c. donnée en Mars 1756,
où la méprife fur laquelle ils fe prétendent
compris dans ces erreurs leur eft fi bien fpé-
cifiée, même avec proteftations d'eftime &
d'amitié de ma part, qu'ils ne pouvoient
plus y répondre qu'au nom de M. Rouffeau:
mais leurs reproches, quoiqu'injuftes, & les
moyens peu ufités qu'ils employent pour
parvenir à leur fin, avoientbefoin d'une pareille diffimulation.

mettre

mettre l'Auteur fur la vòye de ces vérités, je n'attaque perfonne en particulier ; j'y témoigne feulement défirer que les Géomêtres & les Phyficiens en général vouluffent bien éclaircir mes doutes , & juger de mes propofitions fur les principes pofés dans le petit extrait que j'en donne à la fin de cet Ouvrage.

Je fens bien que vous ne pouvez ignorer des vérités que j'ai produites au jour ; mais fouvent la critique fe paffionne & s'aveugle, on ne péfe point affez ce qu'on écrit, quelquefois même on va plus loin , on diffimule, comme le prouve la note précédente,

B

Mais n'y a-t-il, Messieurs, que
de la dissimulation, quand vous
me faites prononcer en Législa-
teur ? *Je crois devoir mettre les
Editeurs sur la voye &c.* sans
dire quelle est cette voye dont
je me sers pour autorifer les
vérités qui réfutent des erreurs ?
loin de là, vous ifolez mes conjectures, ausquelles vous donnez un air de sentence, pour
les mettre au nombre des vérités qu'on vous accuse d'ignorer
&c. fi l'on doit vous en croire ;
vous les tronqez, amplifiez,
vous en changez même l'ordre,
pour cacher apparemment les
rapports qu'elles ont entr'elles.

Vous me faites dire alors,

que la Géométrie eſt fondée ſur la Muſique ; qu'on doit comparer à l'harmonie quelque Science que ce ſoit 64 ; qu'un Clavecin oculaire dans lequel on ſe borneroit à répréſenter l'analogie de l'harmonie avec les couleurs mériteroit l'approbation générale 46 ; & ainſi du reſte.

Ne croiroit-on pas à vous entendre, Meſſieurs, que j'affirme tout cela bien poſitivement ? tandis que de tels paſſages ne ſa rencontrent dans mon écrit que comme des conjectures rélatives à ce qui précéde.

Votre *ainſi du reſte* ne ſignifie-t-il pas que tout eſt dans la brochure auſſi poſitif que ce que vous citez ? Je l'accorde ; c'eſt me donner gain de cauſe. Que veut dire, par exemple, ce *Clavecin oculaire* que vous m'attribuez ? C'eſt votre ouvrage, je vous l'abandonne. Voici ce que je revendique comme de moi.

Au milieu d'une diſcuſſion pour prouver que la Mélodie & les effets (*a*) naiſſent de l'harmonie, je dis, 46, *Si le R. P. Caſtel s'en fût tenu à l'harmonie pour conſtater ſon analogie avec les couleurs, je crois qu'il auroit eû autant de partiſans que de lecteurs.*

(*a*) Il ne faut point confondre l'effet de l'exécution avec celui de la Mélodie en particulier.

Remarquez bien mon doute par ces mots, *je crois* : remarquez en même tems la différence des deux phrases sur le même sujet : il en est de même des autres. Est-il là question de *Clavecin oculaire?* Pourquoi me faire affirmer, lorsque je dis simplement, *je crois?* Ma réflèxion, comme vous l'avez dû voir, n'a lieu qu'autant que l'Auteur a confondu la Mélodie avec l'harmonie : aussi n'est-ce qu'en conséquence de cette réflèxion précédée & suivie de quelques autres sur le même sujet, que je dis, 64. *Ainsi toute la Musique étant comprise dans l'harmonie, on en doit conclure que ce n'est* qu'à cette seule harmonie qu'on doit comparer quelque Science que ce soit : c'est-à-dire, que si l'on veut comparer une Science à la Musique (comme on l'a déja fait plus d'une fois, en prenant la Mélodie seule pour objet) ce n'est qu'à l'harmonie qu'il la faudroit comparer.

Le mot *Ainsi*, par où débute ma derniere conclusion, veut dire simplement, *il suit de là :* pourquoi donc l'avez-vous omis dans votre citation, comme aussi le mot *seule* joint à *harmonie* ? Sans parler de l'extrême différence entre cette citation & l'original. Une pareille conduite est-elle excusable ?

Si ce mot, *Ainſi*, ſe rapporte à ce qui précéde, trouve-t-on dans ce qui précéde la moindre idée de comparaiſon entre la Muſique & d'autres Sciences ? J'ai ſimplement fait, conſéquemment à la queſtion agitée, une comparaiſon déja faite, où la Mélodie ſe trouve confonduë avec l'harmonie, pour en dire mon ſentiment, ſans décider.

Comment peut-en renvoyer aux originaux avec de telles infidélités ?

Je n'ai point dit, *Que la Géométrie eſt fondée ſur la Muſique*, cela ne ſe trouve en aucun endroit de l'Ouvrage. Vous concluez de mes propoſitions ce

qu'il vous plaît , fans vous em-
barraffer du fens qu'elles por-
tent.

*Nous ne pouvons nous perfua-
duer,* dites-vous, *que l'Artifte célébre à qui on attribue cette production* (ce font les erreurs fur
la Mufique) *en foit réellement
l'Auteur :* (*a*) fi cela eft , pourquoi reprocher à cet Artifte les
obligations qu'il vous a , les éloges & les égards de M. Rouffeau
pour lui ?

(*a*) J'ai envoyé dans le tems à ces Meffieurs (l'un ou l'autre c'eft ici tout un) le premier Exemplaire de *cette production* , avec
un mot d'écrit figné de ma main : ainfi leur
doute fur ce fujet n'eft nullement recevable :
on voit qu'il part du même efprit que leurs
citations.

Il me semble que vous de-
viez simplement répondre à l'A-
nonyme que vous supposez , &
comme je l'ai déja dit , répondre à la difficulté plutôt qu'à la
personne.

Si vous m'avez *rendu justice* ,
un Partisan de plus ou de moins
n'établit point les réputations.
Vous dites que *je n'ai pas dédaigné de vous consulter* ; vous
deviez dire au contraire que
vous m'avez fait l'honneur de
venir prendre de mes leçons ,
pendant quelques mois , sur la
Musique théorique & pratique ,
& que par conséquent c'est vous
qui m'avez consulté : quand vous
m'avez proposé des doutes , qui

de nous les a éclaircis ? Que
prouvent, en ce cas, vos Elémens de Musique théorique &
pratique, que vous intitulez,
vous-même, *selon les principes
de M. Rameau ?*

Vos éloges, vos égards ne
paroissent pas plus sincéres que
ceux de votre Collégue. Ne
voit-on pas bien qu'en m'hono-
rant des titres d'*Artiste célébre*,
& de *Musicien*, vous voulez me
ravir celui qui n'est dû qu'à moi
seul dans mon Art, puisque j'en
ai formé le premier une Science
démontrée, après en avoir découvert le principe dans la Nature. Quel éloge peut égaler la
justice que vous & votre Collé-

que auriez pû me rendre dans les conjonctures présentes ? Vous foutenez mal aujourd'hui ce que, de concert avec l'Académie des Sciences, vous avez figné vous-même. (a)

C'eft dans les faits, non dans les paroles que fe reconnoiffent les vrais éloges, les vrais égards. Que fignifie, par exemple, cette Lettre fur la Mufique Françoife ? Etoit-ce à la Mufique Françoife qu'on en vouloit, ou au Muficien François ? (b) Qu'on éxa-

(a) Extrait de la démonftration du Principe de l'Harmonie.

(b) Les Partifans de M. Rouffeau allojent pour lors annoncer de maifon en maifon qu'il paroîtroit bientôt un Ouvrage qui devoit extrêmement humilier Rameau. On a

mine d'ailleurs, dans l'Encyclo‑
pédie, l'Article fur laDiffonnan‑
ce , on verra des preuves de ces
prétendus égards.

Pour corriger l'erreur de quel‑
qu'un, il faut bien la lui mon‑
trer. Le peut on mieux, en effet,
qu'en l'avertiffant qu'il s'accufe
lui-même d'un défaut de juge‑
ment & d'oreille en Mufique.,

toujours crû Meffieurs les Éditeurs dans le
fecret, attendu le peu de part qu'ils y ont
pris, lorfque cependant il s'y trouve contra‑
diction avec un des Articles de l'Encyclopé‑
die, & lorfque l'un d'eux avoit fes Elémens
de Mufique à défendre. Pour moi j'affectai
d'ignorer une critique qui devoit tomber
d'elle-même, & me contentai de rétablir la
réputation de celui à qui nous devons le bon
goût de notre Mufique, & qu'on n'avoit feint
d'attaquer, que pour mieux cacher fon jeu.

lorſqu'il prétend rendre les accords par ſuppoſition ſuſcepti-
bles de renverſement, 72 ? Hé
bien ! quand on le prouve à
M. Rouſſeau, vous dites qu'on
lui *lance des traits*. Que ne m'en
lancez-vous de pareils ? Il n'y a
d'offenſant pour ceux qui veulent s'inſtruire, que le défaut de
vérité.

En laiſſant, comme vous le
dites, à votre Collégue le ſoin
de ſe défendre, *s'il juge, ce que
nous n'oſons aſſurer*, (ce ſont
vos termes) *que la brochure le
mérite*, eſt-ce bien la vérité qui
vous ſuggére ces mots, *ce que
nous n'oſons aſſurer ?* Sont-ce là
mes Ecoliers qui parlent ? Eſt-

ce l'Auteur des Elémens de Musique &c. selon les principes de M. Rameau?

Après de tels procédés, Messieurs, n'ai-je pas raison de douter que ce qui me regarde dans votre Avertissement soit de votre main; doute d'autant plus sincére qu'il est fondé sur l'estime que je ne puis encore vous refuser: au lieu que le vôtre sur l'Anonyme (que vous supposez) n'a d'autres prétextes que de pouvoir lui imputer gratuitement des *opinions plus que singuliéres?*

N'auriez-vous pas mieux fait d'avouer les fautes, de les corriger, & de profiter à l'avenir

des principes qui les condamn-
nent, que de prendre, en vou-
lant vous justifier, des voyes
indirectes, & même infidelles?
Je ne crois pas qu'elles *prévien-*
nent beaucoup *en votre faveur:*
les opinions plus que singulieres,
selon vous, *qu'on soutient dans*
cet écrit, font votre ouvrage &
non le mien, par la singularité
dont vous avez sçû les revêtir.
N'en parlons plus, & finissons en
vérifiant votre *ainsi du reste,*
qui ne peut plus rouler que sur
la fin de la brochure où vous renvoyez, & où l'on ne trouvera
qu'expositions de principes, ré-
flèxions, propositions, questions,
& doutes de ma part, loin d'y

avoir pris ce ton de Maître que vous me prêtez : aussi n'ai-je envisagé cette fin que comme des digressions propres à *mettre sur la voye des vérités &c.* En voici le précis, avec quelques nouvelles réflexions encore : vous avez si mal combattu les premieres, que loin de m'avoir rebuté, vous m'avez enhardi : Si je me trompe, *lancez*-moi pour lors *des traits* vraiment dignes de vous : il n'y a d'offensant pour ceux qui veulent s'instruire, je le répéte, que le défaut de vérité. Le Sçavant a de grands droits sur l'ignorant : mais l'homme qui pense a les siens particuliers : tels sont vos sentimens en faveur de M.

M. Rousseau dans votre Avertissement.

S'il est vrai que la Géométrie
soit fondée sur les proportions,
& si le Corps sonore les fait entendre, voir, & sentir même au
tact dans le moment qu'il réson-
ne ; il est tout naturel d'en conclure que les Sciences (*a*) doivent avoir une *liaison intime*
avec la Musique. 110. 113. 114.
116.

Je ne vois que cette derniere
conclusion d'où vous ayez pû
inférer *que la Géométrie est*
fondée sur la Musique, Mais
sur qui retombe pour lors la

(*a*) On ne doit entendre que les Sciences
soumises au calcul.

C

fingularité de l'opinion , dès que l'opinion vient de vous ? Je crois cependant qu'il feroit beaucoup plus facile d'en prouver la poffibilité que la fingularité. En effet, fi l'on doit regarder le corps fonore comme la racine des proportions , 113. 114. ce qui tient à l'arbre doit néceffairement tenir à fa racine. Ou vous devez en convenir, ou vous dédire de l'approbation que vous avez donnée à ma Démonftration du Principe de l'Harm.

Allons plus loin dans l'examen du fait. On peut dire d'abord que le Phénomène du corps fonore eft la premiere merveille que la Nature ait encore foumife à notre raifon.

Croire, en effet, n'entendre qu'un son où l'on en diſtingue trois différens, & le prendre toujours pour unique, quoiqu'on le ſçache triple (a), à qui pourroit-on perſuader cette vérité, ſi on ne la lui faiſoit toucher au doigt & à l'œil : je dis fort bien, au doigt & à l'œil ; car l'œil voit pour lors frémir les cordes accordées au ton des ſons que fait réſonner le corps ſonore avec celui de ſa totalité, il les voit ſe diviſer, & en compte les parties, pendant qu'en les effleurant avec l'ongle, le doigt en diſtingue les nœuds d'avec

____

(a) V. les Expériences de la Génération Harmonique, ſurtout aux p. 13. & 14.

les ventres de vibrations. Mais comme c'eſt à préſent un fait connu, on ſe familiariſe avec cette eſpéce de miracle. Voyons tout.

La maniere dont les proportions ſe produiſent, confirme cette merveille.

D'abord la proportion géométrique ſe fait reconnoître dans $\frac{1}{3}\frac{1}{4}$ du corps ſonore 1, & l'harmonique dans $\frac{1}{5}\frac{1}{7}$ de ce même corps ſonore ; mais comme celle-ci réſonne, pendant que l'autre eſt muette, pour ainſi dire, on ne s'eſt encore attaché qu'à l'harmonique : ce qui mérite bien d'être approfondi.

A laquelle de ces deux proportions donner la préférence? L'une est muette, l'autre se fait entendre, lorsque cependant les parties de celle-ci, $\frac{1}{3}\frac{1}{4}$, sont plus petites que celles de la premiere, $\frac{1}{2}\frac{1}{4}$, dont le plus d'élasticité devroit par conséquent se prêter plus facilement aux impulsions de l'air, qui en renvoye le son à l'oreille.

Voilà du neuf? & jusqu'à présent, j'avois oublié d'en faire mention.

C'est sans doute pour nous faire sentir la supériorité des rapports doubles ou sou-doubles, 1. $\frac{1}{2}\frac{1}{4}$ &c. que la Nature a fait naître pour l'oreille une espéce d'identité dans les octaves, qui en font formées (*a*) ; de maniere qu'elles fe confondent dans leur principe & ne s'en diftinguent point : au lieu qu'elle a permis qu'on diftinguât les moins parfaits, $1. \frac{1}{3} \frac{1}{5}$; mais feulement lorfque le corps fonore réfonne feul, & qu'on y donne la plus grande attention.

Remarquons ici comment la Nature fe développe, & combien la raifon doit en être fatif-faite : fe trouve-t-il aucun objet palpable à nos autres fens, qu'on puiffe comparer à ce que nous venons de reconnoître ?

Ce n'eft pas tout ; cette mê-

(*) Réponfe fur l'identité des Octaves.

me proportion géométrique se
reproduit dans les multiples (a),
1. 2. 4. pendant que l'harmonique s'y change en Arithmétique, 1. 3. 5. l'une est stable, &
ne varie point, parce qu'elle
doit toujours servir de racine,
de baze aux autres : stabilité dé-
signée par la même identité de
chaque côté, ... l'autre varie pour donner effectivement la
variété que doit fournir l'arbre
dans ses branches, variété qui
se multiplie par l'identité des

(a) On appelle Parties aliquantes, ou Multiples les corps plus grands que celui auquel
on les compare, & Parties aliquotes, ou
Sou-multiples les divisions d'un corps quel-
conque.

C iiij

Octaves , répréfentant toujours leur principe, foit à l'aigu foit au grave.

Dans les Multiples les proportions dégénérent beaucoup ; car ce n'eft plus que fur les différentes grandeurs des corps comparés entr'eux qu'elles peuvent fe reconnoître , le principe , par fa réfonnance, ramenant à lui tous les corps plus grands que le fien , en les forçant de fe divifer dans fes uniffons : cependant le Géométre a toujours préféré la proportion Arithmétique à l'harmonique, quelle en eft la raifon ? 117. 118. Son bonheur dans fes recherches eft , fans doute, d'avoir trouvé partout la même proportion géométrique.

S'agit-il de donner une fuc-ceſſion à l'harmonie ; fon principe, fon générateur, fa racine, fa baze, que j'appelle en conféquence *Baſſe fondamentale*, forme encore de nouvelles proportions géométriques, en aſſociant à fa marche les termes qui lui répondent, de part & d'autre, en mêmes rapports , & promenant toujours avec chacun de fes termes , qui font autant de corps fonores , l'une des deux autres proportions.

On ne doit rien attendre de nouveau de la proportion $1.\frac{1}{4}$,

1. 2. (*a*), puifque ce ne font que
des Octaves qui fe confondent
dans leur principe ; mais avec
celle ci 1. ⅟ 1. 3. ce principe établit les *Modes* , & avec cette
autre , 1. ⅟, 1. 5. il fournit les
moyens d'entrelacer ces *Modes* ,
& de donner à la Mufique toute
la variété dont elle eft fufcepti-
ble : laiffant à part la diffonnan-
ce , dont le goût a fait fentir
que ces proportions pouvoient

(*a*) Retranchez la premiere unité de
chaque proportion , vous aurez , dans les
nombres donnés , les proportions , doubles,
triples , & quintuples, dont les dénomina-
teurs font les feules confonnances qu'il y
ait en Mufique, & qui naiffent de leur racine, ou corps fonore , bien entendu que ce
qui en eft renverfé les répréfente. 115.

ſe ſurcharger , comme d'un ornement propre à mettre le comble à cette variété. (*a*) Quel ordre , quelle ſimplicité , quelle fécondité , quelle préciſion !

On ſuppoſe au corps ſonore le même droit ſur la proportion Arithmétique que ſur l'Harmonique , attendu que leurs Accords ſont également agréables, dès qu'ils ſont analogues aux ſentimens qu'on veut exprimer: auſſi les appelle-t-on également *Accords parfaits.*

Tel eſt le pouvoir prédominant de la proportion géométrique dans la Muſique , tel il eſt ,

(*a*) Démonſtration du Principe de l'Harmonie.

dit - on , dans l'Architecture ;
& tel il doit être , fi je ne me
trompe , dans bien d'autres
Sciences : je crois du moins mon
foupçon fondé.

*On fçait bien que chaque Art,
chaque Science a fes propriétés
particuliéres ;* 117. *mais ne pour-
roient-elles pas dépendre, toutes,
d'un même principe ? Y a-t-il
plus d'un principe dans la Nature ? En pouvons-nous décou-
vrir par un autre canal que par
celui de nos fens ? Et peuvent-
ils nous en offrir un qui leur foit
auffi palpable que la réfonnance
du corps fonore , & d'où la certitude des rapports puiffe naître ,*

comme elle naît ici , de l'effet qu'éprouve l'oreille ?

Lorſqu'on dit que nos ſens ſont trompeurs, ce n'eſt certainement pas l'oreille dont on veut parler , puiſqu'on dit en même tems, *ſuperbiſſimum auris judicium.* En effet l'oreille commande au compas, pendant que le compas commande à l'œil.

Juſqu'à ce que les jambes du compas ſoient directement ſur les ſections des cordes qui doivent faire entendre telle ou telle conſonnance, l'oreille n'eſt point ſatisfaite : au lieu que l'œil ne peut juger d'aucun rapport ſans le ſecours du compas, encore peut-on s'y tromper.

Pourquoi donc l'œil eſt-il ap-pellé dans la Muſique (laiſſant le taƈt à part) lorſque les con-noiſſances qu'on en peut tirer ſont abſolument inutiles , & pour la jouiſſance de l'Art, & pour la procurer ?

On ſçait aſſez que toute pré-occupation de l'eſprit diſtrait des fonƈtions naturelles : par conſéquent ſi l'on penſe que tels rapports ſont entr'eux com-me 2. 3. par exemple , & cela dans le moment qu'on veut en éprouver l'effet : en ſatisfaiſant l'eſprit , l'oreille perd tous ſes droits. 123. Il en eſt de même du Compofiteur : s'il penfe feulement aux dégrés des intervalles qu'il veut employer , fi la tierce , la quinte &c. ne fe préfentent pas à fon imagination , avant qu'il fçache ce que c'eft , n'attendez rien de lui qui puiffe vous plaire. Telle eft la Mufique du Géométre qui ne fe guide que par le calcul : auffi le Muficien n'a-t-il jamais voulu l'écouter. 121. 122.

Ce fait eft conftant , toute préoccupation de l'efprit nuit également au Compofiteur, & à l'Auditeur , 123 : ce qui doit autorifer, ce me femble, la conféquence que j'en vais tirer.

Mettons de côté les erreurs

dans lesquelles le Mathématicien a donné. Examinons seulement quel a pû être son but, lorsque de concert avec les plus grands Philosophes de tous les tems, il s'est obstiné dans le projet d'approfondir un Art pour lequel il a inutilement épuisé ses calculs. Sans doute que reconnoissant qu'*il falloit à l'esprit une certitude sur les rapports qu'ont entr'eux les différens objets qui frappent nos sens*, 113. & convaincu, selon cette maxime, *superbissimum &c.* que ce droit n'appartient qu'à l'oreille dans la Musique, il a fait tous ses efforts pour en tirer un si grand avantage ; mais après de vaines

vaines recherches, il a tout aban-
donné à peu près dans le tems
où le principe qu'il cherchoit
s'eft offert à fes yeux comme à
fon oreille.

Ce principe eft donc le Phé-
noméne du corps fonore, Phé-
noméne reconnu depuis un fié-
cle, & dont on n'a fait que s'a-
mufer comme d'un fimple objet
de curiofité, jufqu'à ce qu'enfin
je l'ai fait reconnoître pour le
Principe de l'Harmonie, c'eft-à-
dire, de la Mufique ; mais n'a-
t-il de droits que fur cette feule
Science ? Pourquoi l'œil, encore
une fois, y feroit-il appellé ,
lorfqu'il y eft inutile ?

Seroit-ce en pure perte, fans

D

néceffité, que l'œil emprunte-
roit ici le fecours de l'oreille,
lorfqu'elle n'a nul befoin du fien ?
Cependant la Nature ne s'expli-
que point en vain, 112. L'on a
quelquefois repréfenté au Géométre que notre raifon étoit
trop bornée pour pouvoir pé-
nétrer jufques dans les fecrets de
la Nature. En voici un, que
faut-il de plus à la raifon, lorfque tout autre principe lui eft
interdit par la voye de nos autres fens ? Croit-on n'en avoir
plus befoin ? Que fçait-on, tout
n'eft pas découvert.

Je ne dois mes découvertes en
Mufique qu'aux loix de la Nature, dont le corps fonore nous

préfente un modéle (*a*), & dont
l'obfervation eft en même tems

(*a*) C'eft un Tout divifible en une in-
finité de parties, qui fe fait reconnoître eu
même tems pour le feul & unique Tout,
en forçant les corps plus grands que le fien
à fe divifer en fes Uniffons : joignons à cela
ces deux proportions , la Géométrique &
l'Harmonique, dont les propriétés, que je
viens de déduire, méritent affez qu'on y ré-
fléchiffe ; puifque de la feule réfonnance de
ce Tout réfultent dans le même inftant, Racine, Arbre, Branches , Proportions, Pro-
greffions , Divifion , Addition, Multiplica-
tions, Quarrés, Cubes, &c. Que de principes dans un feul ? Quelle idée ne doit-on
pas s'en former, & à quelles idées ne peut-
il pas nous conduire ? La Nature s'y feroit-
elle épuifée pour le feul plaifir de l'oreille ?
On ne fçauroit trop répéter des faits d'ex-
périence, dont j'efpere que cette courte ré-
capitulation fera peut-être plus d'impreffion
qu'elle ne paroît en avoir fait encore jufqu'à préfent.

D ij

ſi ſimple & ſi lumineuſe qu'aujourd'hui le Muſicien, d'accord avec le Géométre, m'écoute, m'entend & m'imite. Que ne peut-on les ſuivre de même, ces Loix, dans toute autre Science? Quel fruit n'en pourroit-on pas tirer, ne fût-ce que pour en faciliter l'intelligence?

Outre les opérations du Géomètre diamétralement oppoſées à ces Loix, il confond encore, du moins dans ſes Elémens, le rapport original de la proportion Arithmétique, & de l'Harmonique avec ſes renverſemens, & ſes imitations même, 117. 118. 119. 120. j'en ignore les conſéquences; mais la différen-

ce en est grande en Muſique ,
ſelon l'exemple que j'en donne ,
121. où le Phyſique tient au
Géométrique , c'eſt-à-dire , où
l'effet tire toute ſa force de l'e-
xacte imitation de la Nature
dans la proportion harmonique.

Voilà , Meſſieurs , en quoi
conſiſtent , à-peu-près , les di-
greſſions qui conduiſent aux vérités dont je me ſuis ſervi pour
condamner les erreurs ſur la
Muſique répanduës dans votre
Dictionnaire : vous auriez pû les
éviter en me communiquant vos
Manuſcrits que je vous avois
offert d'éxaminer , après m'être
excuſé de pouvoir entreprendre
tout l'Ouvrage ; mais votre

Avertiſſement fait aſſez ſentir la raiſon qui vous en a détourné ; il vaut mieux ménager ſes Col‑légues que le Public.

J'ai l'honneur d'être, Meſſieurs, votre &c.